T0014341

¿CÓMO CRECEN LOS PINOS?

Kathleen Connors

Traducido por Diana Osorio

Gareth Stevens
PUBLISHING

Please visit our website, www.garethstevens.com. For a free color catalog of all our high-quality books, call toll free 1-800-542-2595 or fax 1-877-542-2596.

Library of Congress Cataloging-in-Publication Data
Names: Connors, Kathleen, author.
Title: ¿Cómo crecen los pinos? / Kathleen Connors.
Description: New York : Gareth Stevens Publishing, [2022] | Series: ¿Cómo
    Crece? | Includes index.
Identifiers: LCCN 2020011766 | ISBN 9781538268179 (paperback) | ISBN
    9781538268193 (library binding) | ISBN 9781538268186 (6 Pack) | ISBN
    9781538268209 (ebook)
Subjects: LCSH: Pine–Juvenile literature.
Classification: LCC SD397.P55 C66 2022 | DDC 585/.2–dc23
LC record available at https://lccn.loc.gov/2020011766

First Edition

Published in 2022 by
Gareth Stevens Publishing
111 East 14th Street, Suite 349
New York, NY 10003

Translator: Diana Osorio
Editor, Spanish: Rossana Zúñiga
Designer: Katelyn E. Reynolds s

Photo credits: Cover, p. 1 Serg64/Shutterstock.com; p. 5 Misha Kaminsky/E+/Getty Images; p. 7 J-P Lahall /
Photolibrary Getty Images Plus; pp. 9, 24 (cone) Karin Sigwarth/ Getty Images; p. 11 Thang Tat Nguyen/
Moment / Getty Images; p. 13 Bob Wickham / Photolibrary / Getty Images Plus; p. 15 Terry W. Eggers /The
Image Bank / Getty Images; pp. 17, 24 (trunk) Mark Hamblin/ Oxford Scientific/ Getty Images Plus; pp. 19,
24 (needles) Anne Hyde/ Photolibrary / Getty Images Plus; p. 21 Shehryar Khan/ iStock /Getty Images Plus;
p. 23 Michele D'Amico supersky77 /Moment/ Getty Images.

Printed in the United States of America

Some of the images in this book illustrate individuals who are models. The depictions do not imply actual
situations or events.

CPSIA compliance information: Batch #CSGS22: For further information contact Gareth Stevens, New York, New York at 1-800-542-2595.

Contenido

Los pinos se encuentran en todas partes. ¿Cómo crecen?

Empiezan como semillas.

Las semillas se encuentran en los conos.

Las semillas crecen
en la tierra.
Necesitan agua y sol.

Crecen mejor cerca de la superficie de la tierra.

13

Las semillas tardan
mucho tiempo en crecer.

De allí crecen las raíces.
El tallo es el tronco.

17

Los pinos tienen
hojas delgadas.
Estas se llaman agujas
de pino.

19

Los árboles crecen
muy despacio.
¡Pueden ser muy altos!

Los pinos de azúcar
son los más altos.

Palabras que debes aprender

cono

agujas de pino

tronco

Índice